So wird es gemacht:

Öffne das LÜK®- Kontrollgerät und lege die Plättchen in den unbedruckten Deckel!
Jetzt kannst du auf den Plättchen und auf dem Geräteboden die Zahlen 1 bis 24 sehen.

Beispiel: Seite 2
Suche die entsprechenden Informationshinweise!
Nimm das Plättchen 1 und sieh dir die Aufgabe Nr. 1 an!
Suche nun bei den Informationstafeln die richtige für Arzt!
Es ist die Tafel mit der Feldzahl 1.

Lege das Plättchen 1 auf die Zahl 1 des Gerätebodens!

1	2	3	4	5	6
7	8	9	10	11	12
13	14	15	16	17	18
19	20	21	22	23	24

So musst du weiterarbeiten, bis alle Plättchen im Geräteboden liegen.

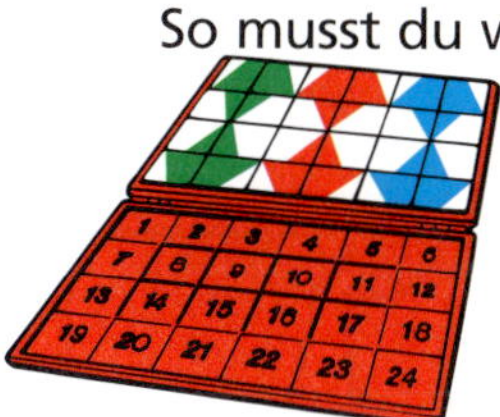

Schließe dann das Gerät und drehe es um!
Öffne es von der Rückseite! Wenn du das bei der Übungsreihe abgebildete Muster siehst, hast du alle Aufgaben richtig gelöst. Passen einige Plättchen nicht in das Muster, dann hast du dort Fehler gemacht. Wende diese Plättchen dort, wo sie liegen, um, schließe das Gerät, drehe es um und öffne es wieder!
Jetzt kannst du sehen, welche Aufgaben du falsch gelöst hast.
Nimm diese Plättchen heraus und suche die richtigen Ergebnisse! Kontrolliere dann noch einmal! Stimmt jetzt das Muster?

Und nun viel Spaß!

Suche die entsprechenden Informationshinweise!

1 Arzt

2 Aussichtsturm

3 Autobahn

4 Bank

5 Burg

6 Flughafen

7 Grillplatz

8 Hafen

9 Höhle

10 Hotel

11 Kino

12 Kirche

8

16

12

9

6

22

18

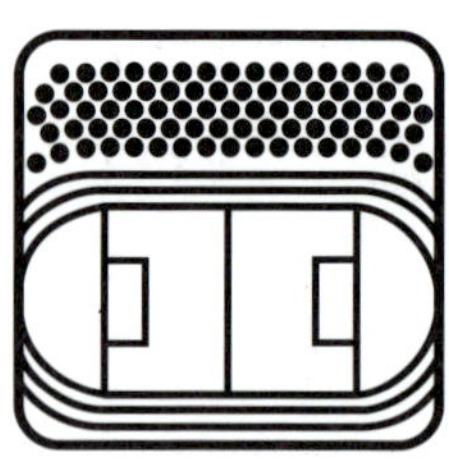

19

23

20

13

3

13 Mini-Golf

14 Museum

15 Parkhaus

16 Restaurant

17 Schwimmbad

18 Spielplatz

19 Polizei

20 Stadion

21 Strand

22 Telefon

23 Zeltplatz

24 Zoo

4

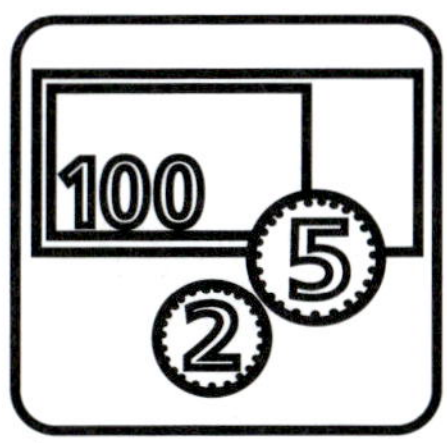

2

5

21

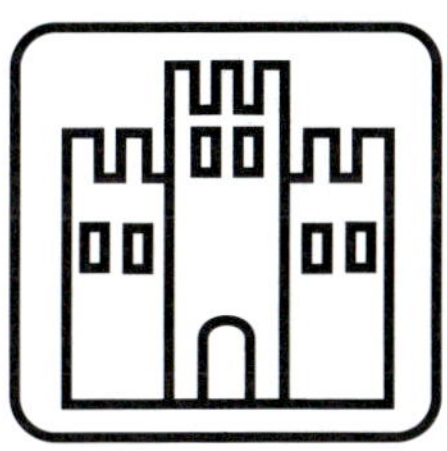

15

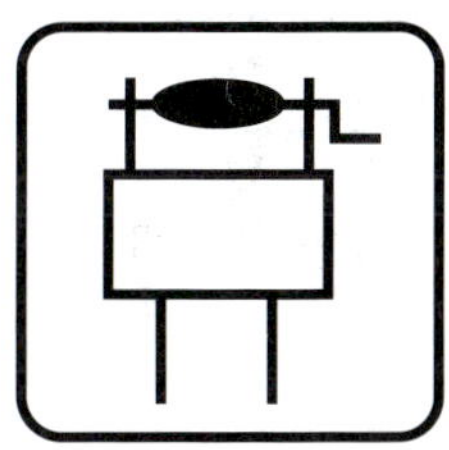

17

24

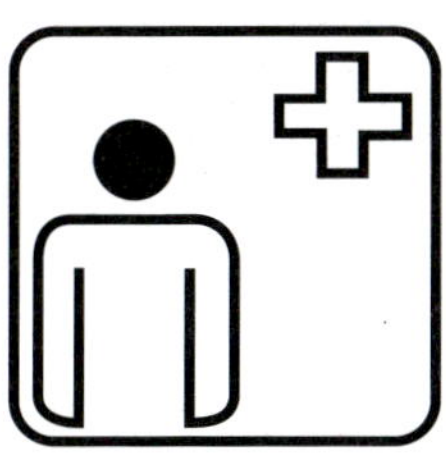

1

14

7

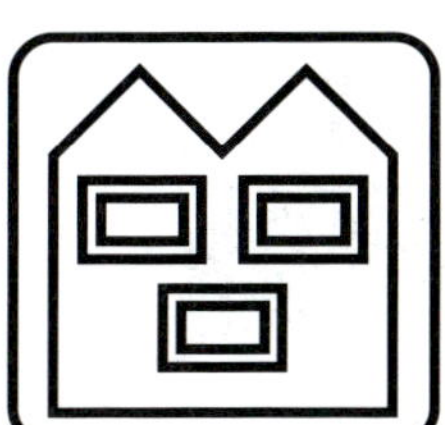

11

10

Schiffe versenken

Treffer? Ja? Nein?

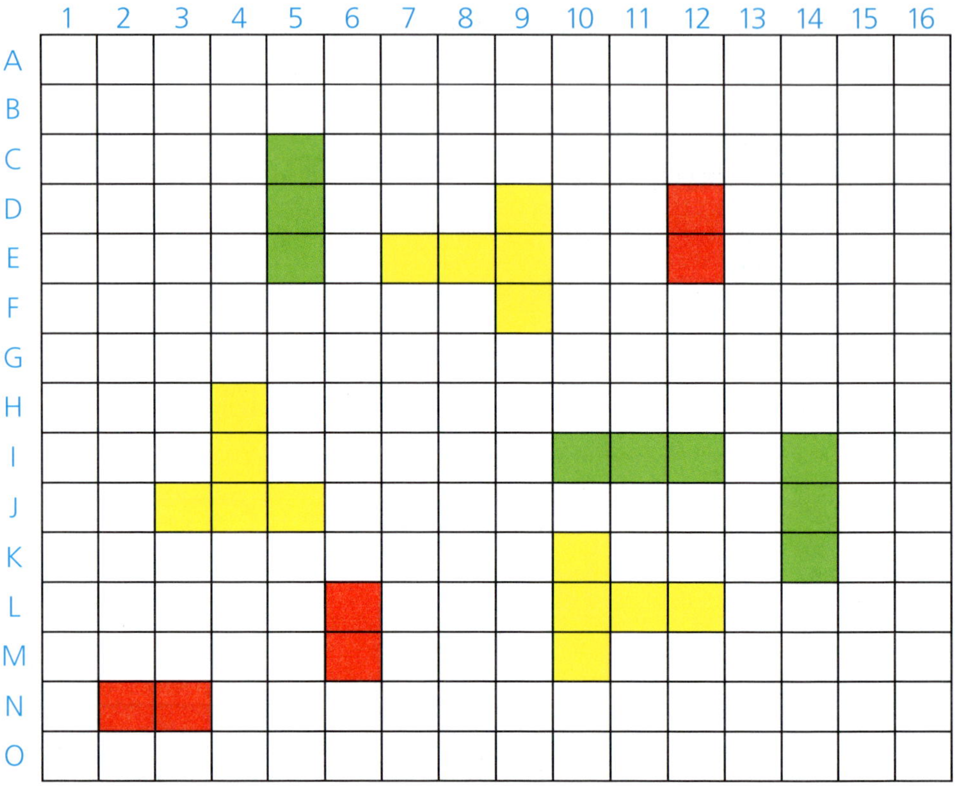

1	L 8	ja 2	nein 19
2	L 11	ja 17	nein 6
3	J 14	ja 10	nein 13
4	F 15	ja 9	nein 14
5	E 8	ja 21	nein 5
6	O 7	ja 12	nein 24
7	N 3	ja 5	nein 23
8	E 6	ja 15	nein 7
9	K 14	ja 9	nein 16
10	I 13	ja 24	nein 22
11	D 5	ja 2	nein 19
12	J 10	ja 19	nein 12
13	M 11	ja 14	nein 13
14	I 12	ja 23	nein 10
15	B 5	ja 8	nein 3
16	K 10	ja 20	nein 3
17	F 9	ja 11	nein 17
18	C 5	ja 4	nein 1
19	F 14	ja 22	nein 6
20	D 11	ja 20	nein 1
21	H 10	ja 7	nein 15
22	H 4	ja 18	nein 21
23	M 10	ja 8	nein 11
24	L 7	ja 18	nein 16

Ergänzungsrätsel

In jedem Wort sind die Selbstlaute (Vokale) und Umlaute weggelassen.
Suche die fehlenden! Gleiche Vokale = gleiche Farbe.

1	2	3	4	5	6	7	8	9	10	11	12
F	D		P	H	H	K	S	F	L	L	K
R		R	R				P	L			
	Z	D		R					M	S	S
H		B	G	N	S	G	R	G			T
L	M		R		D		L	Z	N	B	
	B			S		M					N
N		R	M	S	C	M	N		D	C	
G	R		M		H		G	G		H	

13	14	15	16	17	18	19	20	21	22	23	24
S		L	N	F	T	M	K	P	H	T	K
C	L			L	R		R				
H	B	V	V			N		L	N		
L				M	T		K		D	L	F
	T	N	M		H	G		Z	T		H
N	R	D	B	N			D			T	
G				G	H	L		S	C	T	
	S	L	R		N	F	L	T	H		S

A A I E	3
A A O	22
A E	19
A E E	23
A I O	15
A U	21
A U A U	17
A U A	10
A U U I	4
E E E	9
E E E E	11
E E U	2
E I	1
I I O	16
I O A E	6
O A	7
O E E	20
O I E	5
O I E E	13
O I I	18
O O I	14
Ü I	8
U A	24
U E U	12

Suche die Kinder!

1 TOM (schwarze Haare, keine blaue Hose, keinen gelben Pulli)

2 UWE (blond, steht zwischen zwei Jungen mit gleichfarbigen Pullis)

3 PIT (rote Haare, Hose und Pulli sind gleichfarbig)

4 BERT (blond, Pulli und Hose in gleicher Farbe wie rechter Nachbar-nur umgekehrt)

5 FRED (rote Haare, Pulli wie rechter Nachbar)

6 ULI (schwarzhaarig, blaue Hose, kein grüner Pulli)

7 RUDI (blond, steht zwischen zwei Jungen mit blauen und roten Hosen)

8 GERD (rote Haare, blauer Pulli)

9 MARC (steht zwischen zwei Jungen mit gleichfarbigen Hosen und Pullis)

10 KARL (schwarzhaarig, steht zwischen einem Jungen mit grünem und einem mit blauem Pulli)

11 WILLI (hat nur **einen** Nachbarn, dieser hat eine grüne Hose)

12 KURT (blond, Hose hat gleiche Farbe wie Pulli des linken Nachbarn)

20 24 23 7 8 22 12 11 19 21 9 10

13 UTE (rothaarig, steht zwischen zwei Mädchen mit gleichfarbigen Pullis)

14 SUSI (blond, steht zwischen zwei Mädchen mit gleichfarbigen Röcken)

15 VERA (steht zwischen zwei Mädchen mit blonden Haaren)

16 DORIS (blond, grüner Pulli)

17 KATRIN (schwarzhaarig, grüner Rock)

18 RITA (blond, steht neben zwei schwarzhaarigen Mädchen)

19 GABI (schwarzhaarig, steht zwischen einem Mädchen mit grünem Rock und einem mit blauem Rock)

20 SILKE (steht zwischen einem blonden und einem rothaarigen Mädchen)

21 BABS (steht zwischen zwei rothaarigen Mädchen)

22 RIA (schwarzhaarig, roter Rock, rechte Nachbarin hat einen grünen Pulli)

23 DORTE (rote Haare, Rock hat gleiche Farbe wie Pulli der linken Nachbarin)

24 ULLA (rothaarig, linke Nachbarin hat blauen Pulli)

ΜΕΓΑΛΟΠΟΛΙΣ
MEGALOPOLIS

(„Megalopolis" heißt eine kleine Stadt in Griechenland.)
Kannst du folgende griechisch geschriebenen Wörter enträtseln?

1 ΣΠΙΕΓΕΛ	2 ΓΕΜΣΕ	3 ΠΙΛΛΕ
4 ΓΑΣΣΕ	5 ΓΑΛΟΠΠ	6 ΛΑΣΣΟ
7 ΜΑΠΠΕ	8 ΛΙΠΠΕ	9 ΜΕΙΣΕ
10 ΓΑΛΛΕ	11 ΣΠΙΕΛ	12 ΛΑΜΜ
13 ΣΕΙΛ	14 ΣΕΓΕΛ	15 ΕΣΕΛ
16 ΛΑΜΑ	17 ΓΛΑΣ	18 ΣΑΛΑΜΙ
19 ΓΛΕΙΣ	20 ΛΑΓΕ	21 ΓΙΠΣ
22 ΠΣΑΛΜ	23 ΠΑΛΜΕ	24 ΜΕΙΛΕ

ESEL	19	GALLE	2	GALOPP	1	GASSE	18
GEMSE	15	GIPS	7	GLAS	9	GLEIS	10
LAGE	11	LAMA	24	LAMM	4	LASSO	16
LIPPE	5	MAPPE	3	MEILE	8	MEISE	13
PALME	12	PILLE	14	PSALM	22	SALAMI	20
SEGEL	21	SEIL	23	SPIEGEL	17	SPIEL	6

Kannst du das zeichnen . . .

. . . ohne den Stift abzusetzen und ohne eine Linie doppelt zu zeichnen? Beginne immer bei dem roten Punkt!

1

ja 6
nein 9

2
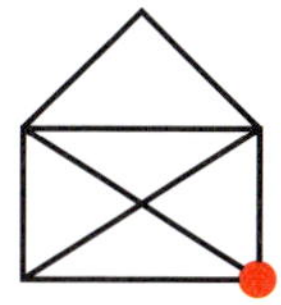
ja 11
nein 1

3
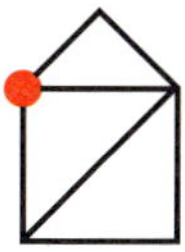
ja 8
nein 12

4
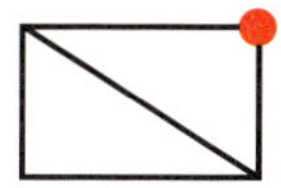
ja 13
nein 10

5
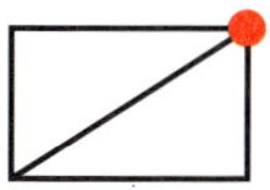
ja 2
nein 10

6
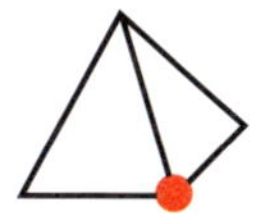
ja 12
nein 11

7
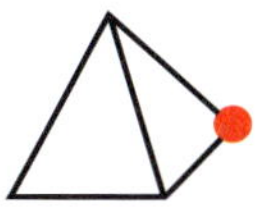
ja 2
nein 6

8
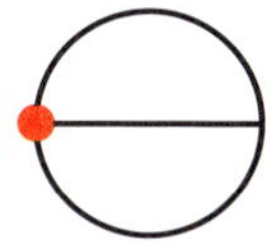
ja 4
nein 23

9

ja 14
nein 7

10
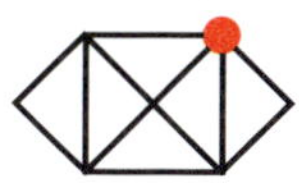
ja 1
nein 19

11
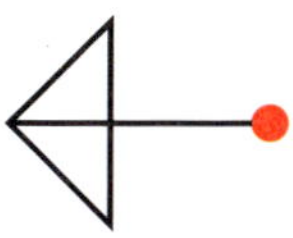
ja 3
nein 20

12
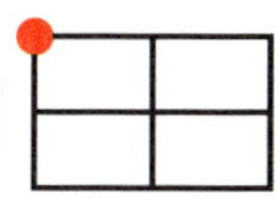
ja 1
nein 5

13
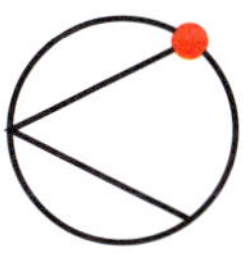
ja 22
nein 18

14

ja 24
nein 9

15
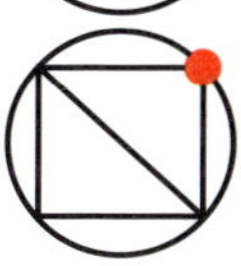
ja 15
nein 20

16
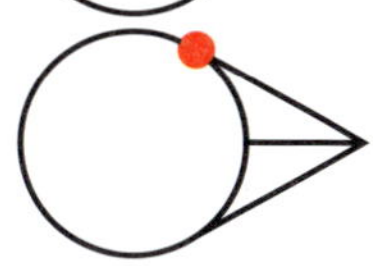
ja 16
nein 21

17
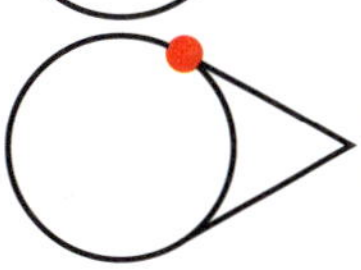
ja 17
nein 3

18
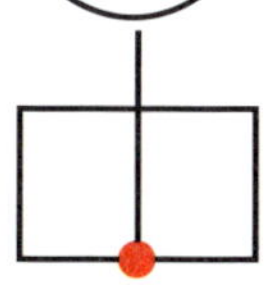
ja 19
nein 21

19
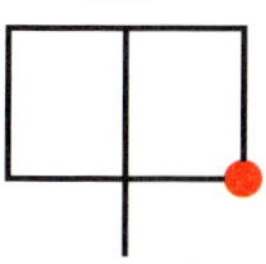
ja 5
nein 18

20
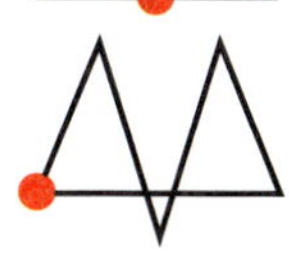
ja 15
nein 4

21
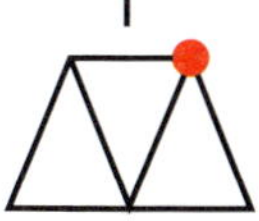
ja 13
nein 7

22
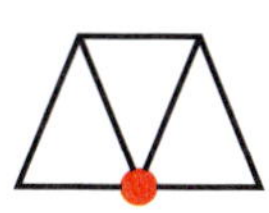
ja 8
nein 23

23
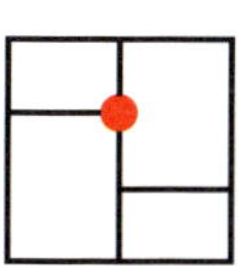
ja 17
nein 16

24
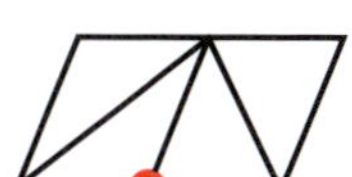
ja 22
nein 14

Wie viele Platten sind verlegt?

40 - 5 42 - 17

1

30 - 15 28 - 18

2

156 - 14 148 - 16

3

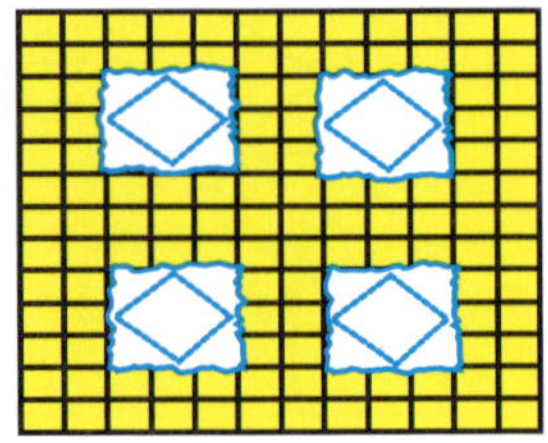

20 - 24 21 - 18

4

18 - 2 20 - 22

5

35 - 6 38 - 16

6

12 - 13 13 - 4

7

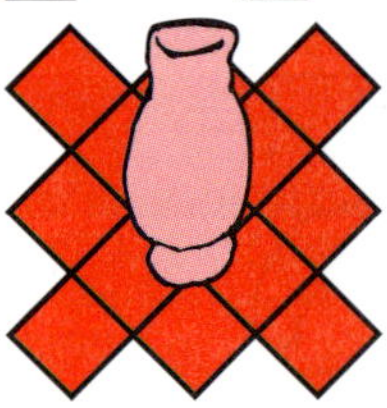

40 - 13 42 - 2

9

36 - 10 32 - 1

10

28 - 20 29 - 6

8

24 - 1 28 - 5

11

41 - 9 39 - 3

12

55 - 7   52 - 24

13

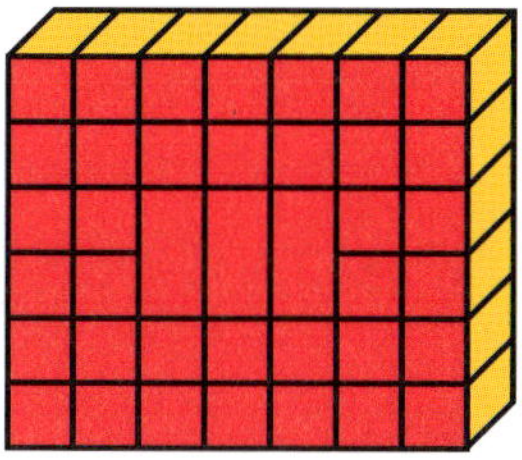

108 - 22   95 - 14

14

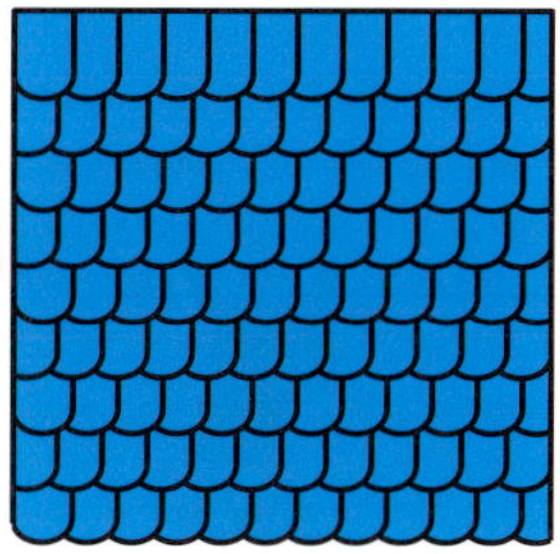

73 - 20   75 - 17

15

41 - 23   45 - 4

16

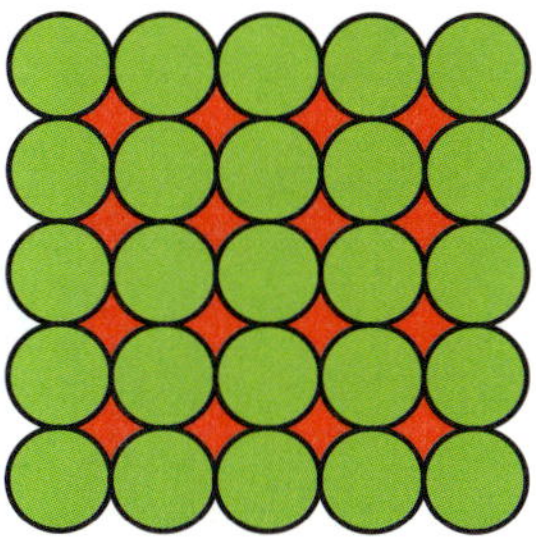

40 - 12   36 - 9

17

35 - 19   36 - 15

18

52 - 21   47 - 10

19

36 - 11   40 - 19

20

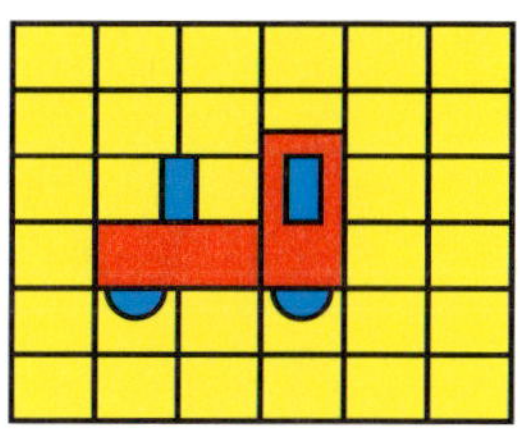

42 - 12   44 - 11

23

35 - 7   38 - 3

21

25 - 21   24 - 8

22

25 - 23   27 - 8

24

Steilwand klettern

Die Würfelfarben bedeuten:

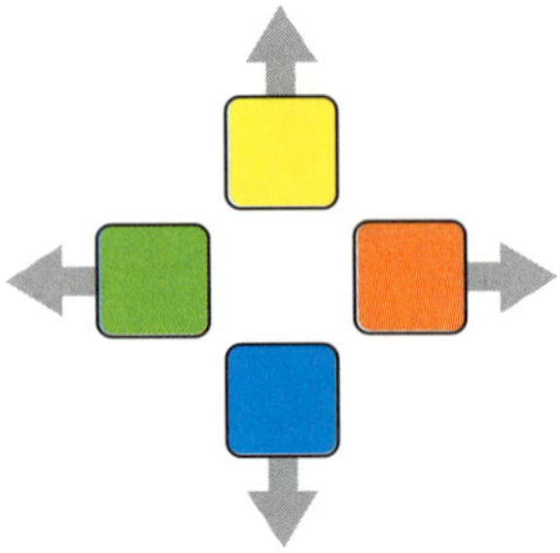

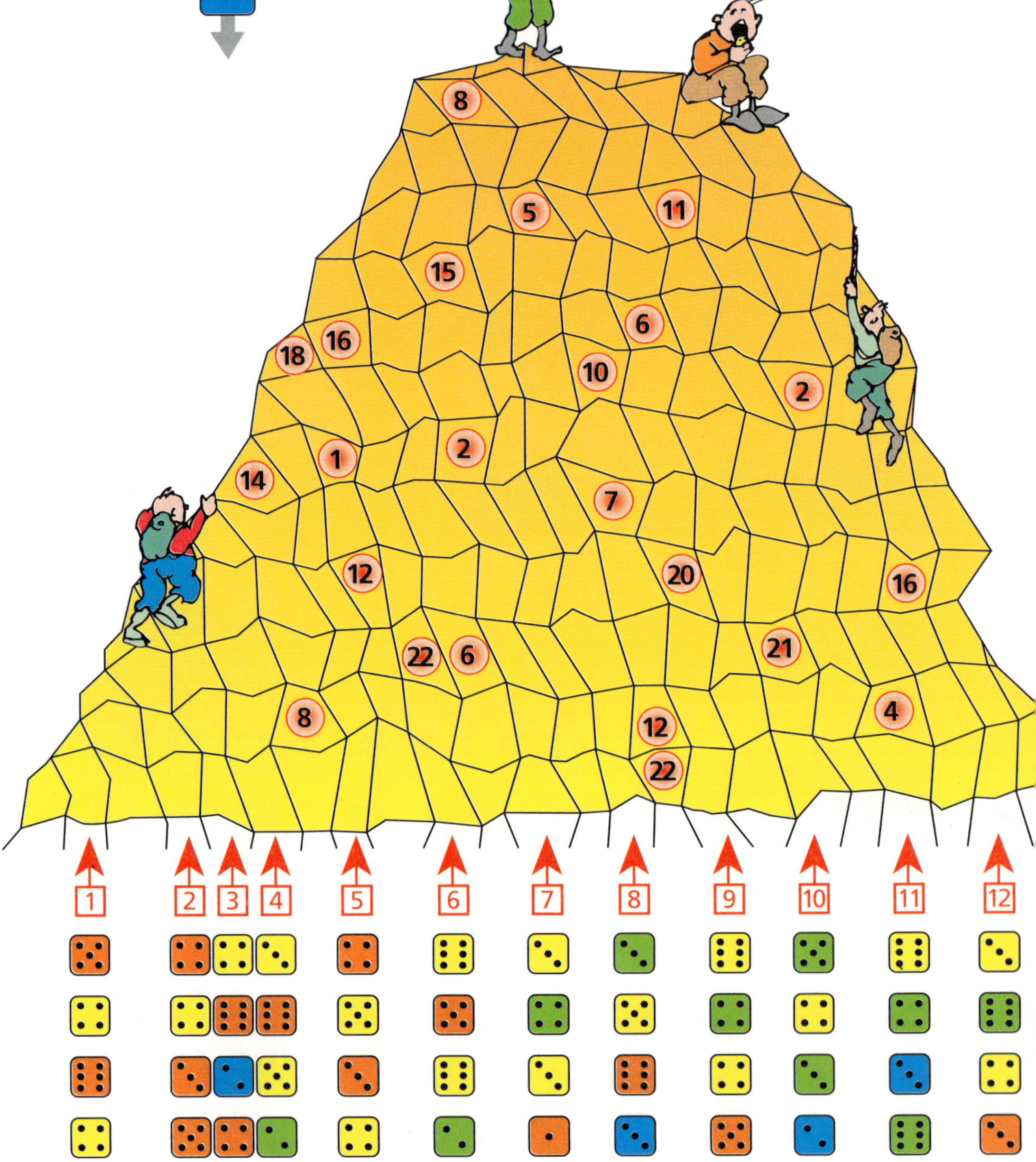

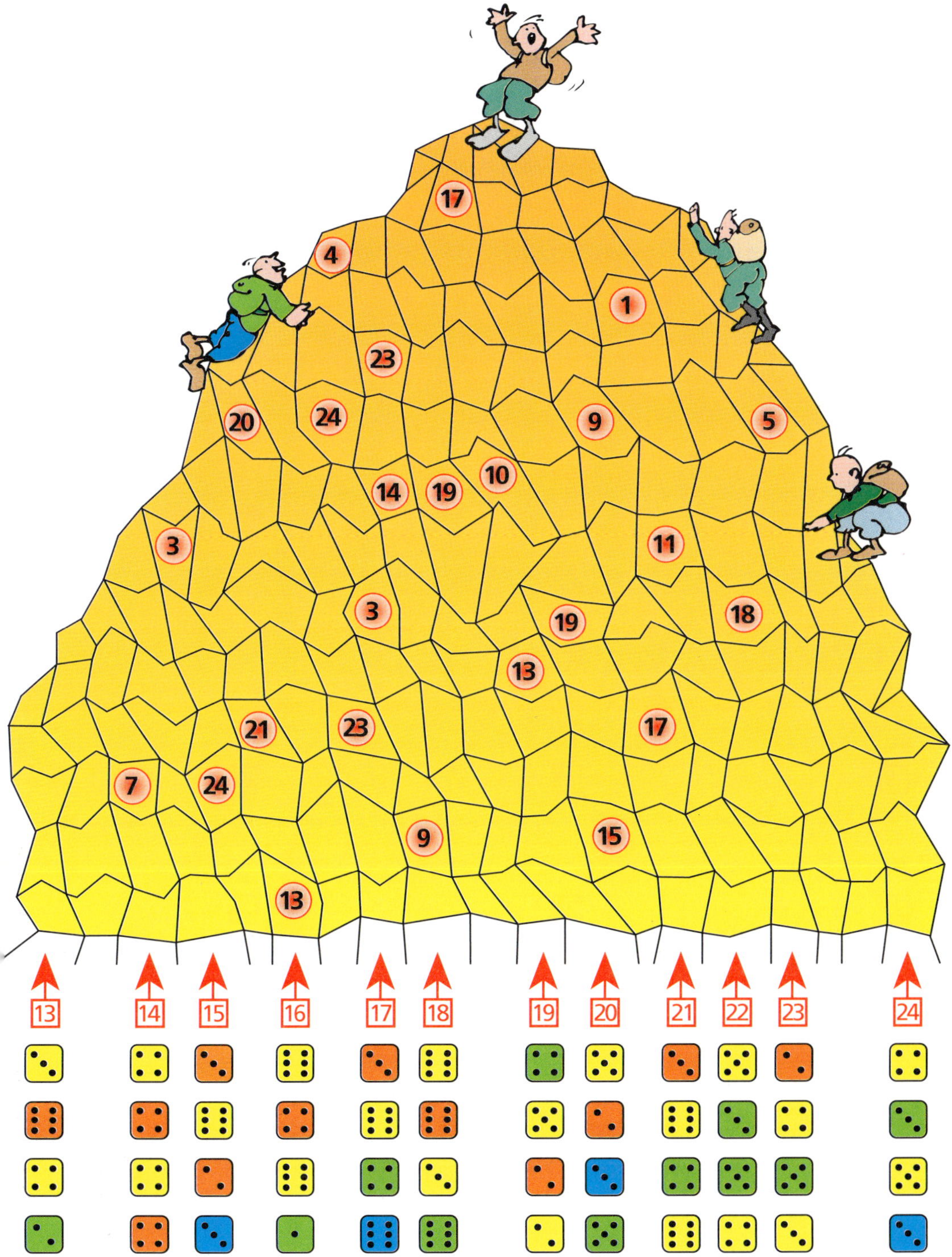
17
4
1
23
20
24
9
5
14
19
10
3
11
3
19
18
13
21
23
17
7
24
9
15
13
13
14
15
16
17
18
19
20
21
22
23
24

Zwei Wörter haben die gleiche Mittelsilbe

Suche sie!

1 Ta___te
Trom___te

2 Dro___dar
Ka___ra

3 Ro___ne
Ku___ne

4 Pe___kan
Po___zist

5 Kar___val
Ge___ral

6 Fuß___den
Ro___ter

7 Ge___de
Ge___der

8 Ja___ar
Pin___in

9 Kro___dil
Ni___laus

10 Was___fall
Ka___ne

11 Bad___ton
Fla___go

12 Gar___ne
Kon___tor

13 Leh___rin
Platz___gen

14 Wei___feld
Ker___schein

15 To___te
No___de

16 Schmet___ling
La___ne

17 Wald___ster
Blau___se

18 Mi___ster
Kö___gin

19 Fe___en
Sau___er

20 Ka___ze
Re___blik

21 Ok___ber
Au___mat

22 Ra___te
Pa___te

23 Ga___ge
Ge___de

24 Sa___mi
Rol___den

-bo- 22	-di- 10	-gu- 11	-ke- 16	-ko- 19	-la- 2
-län- 9	-li- 24	-ma- 13	-me- 21	-mei- 3	-min- 12
-ne- 7	-ni- 14	-pe- 23	-pu- 5	-ra- 6	-re- 17
-ri- 4	-ser- 8	-si- 20	-ter- 18	-to- 1	-zen- 15

Wir morsen

Morsealphabet

A	•—
B	—•••
C	—•—•
D	—••
E	•
F	••—•
G	——•
H	••••
I	••
J	•———
K	—•—
L	•—••
M	——
N	—•
O	———
P	•——•
Q	——•—
R	•—•
S	•••
T	—
U	••—
V	•••—
W	•——
X	—••—
Y	—•——
Z	——••

1 ——/••/—

2 ——/••—/—

3 •—/——/—

4 •—/•—••/—

5 —••/•/•—•

6 •/••/•••

7 —•••/••—/•••

8 •—/•—••/•••

9 •—/••—/•••

10 ••••/••—/—

11 •••/••/•

12 —•••/•—/••—

13 ••••/———/••—•

14 •——/•/•—•

15 ••—/—•/—••

16 —•••/•/••

17 ••••/••—/••—•

18 —••/•—/•••

19 ———/•——•/—

20 •——/••/•—•

21 ••/•••/—

22 •—•/———/—

23 •—•/•—/—

24 ••—/—•/•••

ALS 15	ALT 4	AMT 2	AUS 1	BAU 18	BEI 10
BUS 17	DAS 8	DER 13	EIS 6	HOF 9	HUF 23
HUT 14	IST 19	MIT 3	MUT 5	OFT 24	RAT 22
ROT 12	SIE 16	UND 7	UNS 20	WER 11	WIR 21

Bilderrätsel

1 B 

2 D 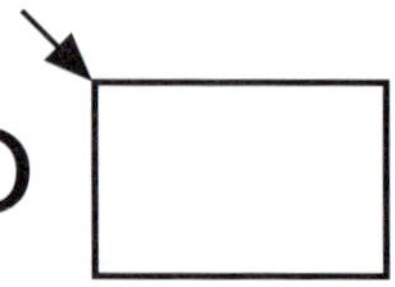

3 L 

4 W ~~1~~ 

5  ~~4~~ t

6  ~~3~~ me

7 B  ~~4~~ n

8 ~~1~~  n

9 K  ~~3~~

10 W ~~1~~  ~~6~~

11 ~~1~~ K  e

12 O  ~~4~~

Besen	1	Blume	20	Brot	23
Decke	7	Dreck	13	Elan	8
Fach	18	Haut	4	Kerze	6
Kuh	9	Last	10	Osten	14

13  ~~2~~ ge

14 ~~3~~  ge

15 W ~~1~~  ~~4~~ le

16  ~~5~~ e

17 ~~4~~ 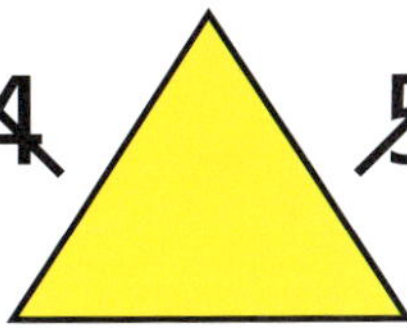 ~~5~~

18 P ~~2~~ 

19 P ~~1~~ 3 s

20 W ~~1~~ ~~2~~ 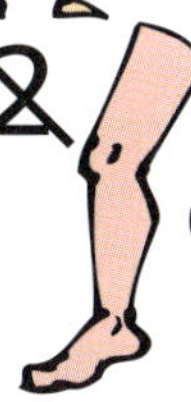 d

21 ~~4~~ 10 e

22  ~~3~~ ~~4~~ ~~7~~

23 ~~2~~  ~~4~~ ~~7~~

24 P ~~1~~  ~~4~~ z

Pfau	21	Pilz	16	Preis	2
Straße	24	Wein	17	Welle	3
Welt	12	Wille	22	Wind	5
Zange	19	Zehe	15	Zunge	11

Pfeilwurf

Du wirfst immer mit **2 Pfeilen** auf **dieselbe** Scheibe.
Auf welcher Scheibe erreichst du z.B. 32 Punkte. 16+16=32

Auf welcher Scheibe erreichst du folgende Punktwerte:

1	30 Punkte	9	8	1
2	29 Punkte	4	2	19
3	11 Punkte	24	9	8
4	23 Punkte	9	10	12
5	44 Punkte	15	10	5
6	14 Punkte	17	8	20
7	32 Punkte	10	13	1
8	16 Punkte	4	16	11
9	8 Punkte	16	7	11
10	4 Punkte	21	18	22
11	26 Punkte	3	14	11
12	2 Punkte	2	18	15
13	28 Punkte	19	22	13
14	52 Punkte	3	2	7
15	19 Punkte	3	23	24
16	20 Punkte	21	5	4
17	31 Punkte	23	20	1
18	7 Punkte	12	6	22
19	48 Punkte	23	7	14
20	24 Punkte	12	15	5
21	21 Punkte	17	19	13
22	27 Punkte	18	6	20
23	12 Punkte	16	24	17
24	18 Punkte	14	6	21

Suche Wortanfang und Wortende!

1 - ERZ -	2 - ACH -	3 - FAN -
4 - LAU -	5 - WER -	6 - ECHSE -
7 - ELLE -	8 - EHRE -	9 - ICH -
10 - OBER -	11 - LÜGE -	12 - TAU -
13 - AM -	14 - TIEFE -	15 - TRAN -
16 - UTE -	17 - LAMM -	18 - ALM -
19 - ERICH -	20 - UNS -	21 - WAL -
22 - EICHE -	23 - RACHE -	24 - AUS -

BAUER

Suche mit folgenden Anfangs- und Endbuchstaben Nomen (Namenwörter)

B - T	6	D - M	7	D - N	2	D - S	23
E - D	9	E - E	15	E - R	8	F - E	5
F - L	14	F - T	10	K - E	19	K - S	20
K - T	1	L - R	13	P - D	16	P - E	22
R - T	4	S - B	18	S - D	21	S - L	11
T - R	17	W - L	24	Z - G	3	Z - N	12

Suche auf der Karte . . .

1 Fluss

2 See

3 Autobahn

4 Nadelwald

5 Laubwald

6 Mischwald

7 Kloster

8 Stadt

9 Schiffsanlegestelle

10 Schwimmbad

11 Insel

12 Fähre

13 Eisenbahn

14 Tunnel

15 Burg

16 Burgruine

17 Grube (Zeche)

18 Kanal

19 Grenze

20 Kraftwerk

21 Moor, Sumpf

22 Flughafen

23 Landstraße

24 Campingplatz

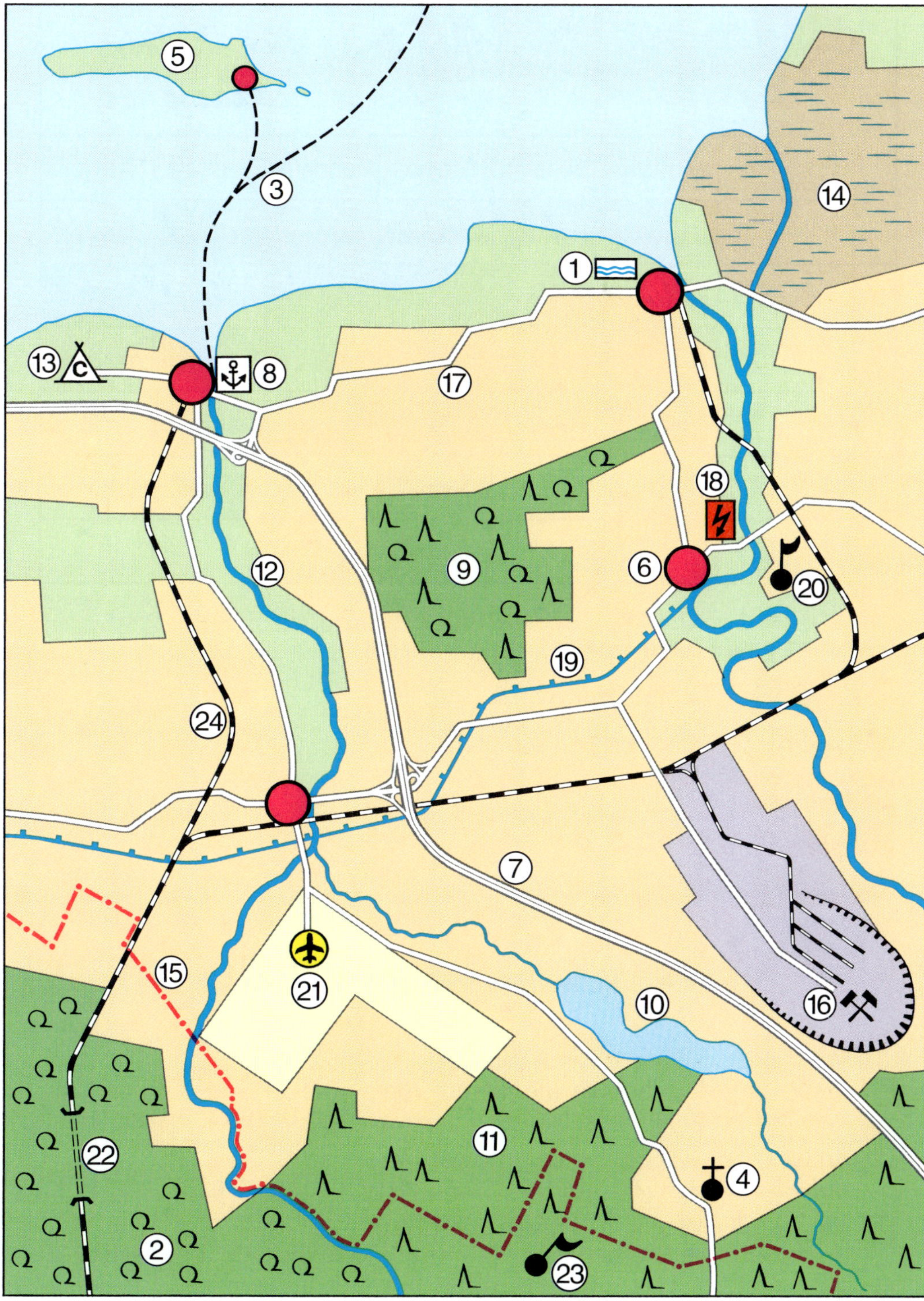
5
3
14
1
13
8
17
18
12
9
6
20
19
24
7
15
21
10
16
11
22
4
2
23

STUNDENPLAN

für Katrin
Klasse 6c

		Montag	Dienstag	Mittwoch	Donnerst.	Freitag	Samstag
1.	$8.^{00}-8.^{45}$	Deutsch	Englisch	Mathemat.	Biologie	Deutsch	Musik
2.	$8.^{50}-9.^{35}$	Mathemat.	Deutsch	Englisch	Deutsch	Mathemat.	Deutsch
3.	$10.^{00}-10.^{45}$	Biologie	Mathemat.	Biologie	Englisch	Englisch	Religion
4.	$10.^{50}-11.^{35}$	Kunst	Musik	Erdkunde	Religion	Erdkunde	
5.	$11.^{45}-12.^{30}$			Sport		Sport	
6.	$12.^{35}-13.^{20}$			Sport			

Sie hat folgende Lehrer / innen:

- Frau Grün : Deutsch, Englisch
- Frau Hold : Mathematik, Musik
- Herr Walz : Biologie, Erdkunde
- Frau Toll : Kunst
- Herr Tamm : Religion
- Frau Jung : Sport

1. An welchem Wochentag wird sie nur von zwei Lehrpersonen unterrichtet? — Dienstag 9 — Samstag 5

2. An welchem Wochentag unterrichtet Frau Hold die Klasse in zwei Unterrichtsstunden? — Dienstag 14 — Freitag 10

3. An welchem Wochentag unterrichtet Frau Hold die Klasse überhaupt nicht? — Mittwoch 15 — Donnerstag 17

4. An welchem Wochentag ist Englisch, aber kein Deutsch? — Montag 1 — Mittwoch 10

5	An welchem Wochentag ist Mathematik, aber kein Englisch?	Montag 24 / Mittwoch 6
6	An welchem Wochentag ist Religion, aber kein Englisch?	Donnerstag 11 / Samstag 13
7	An welchem Wochentag hat die Klasse weder Biologie noch Mathematik?	Samstag 20 / Montag 18
8	Wievielmal hat die Klasse dieselbe Lehrperson an 2 aufeinanderfolgenden Stunden?	3X 1 / 4X 24 / 5X 21
9	Wie viele Wochenstunden hat die Klasse bei Frau Grün?	8 Std. 12 / 9 Std. 18 / 10 Std. 16
10	Wie viele Wochenstunden hat die Klasse bei Frau Hold?	6 Std. 23 / 7 Std. 2 / 8 Std. 21
11	Wie viele Wochenstunden hat die Klasse bei Herrn Walz?	3 Std. 2 / 4 Std. 3 / 5 Std. 22
12	An welchem Tag unterrichtet weder Herr Walz noch Herr Tamm die Klasse?	Dienstag 19 / Freitag 7
13	An welchem Wochentag unterrichtet Frau Hold in der 3. Std.?	Dienstag 3 / Freitag 13
14	An welchem Wochentag unterrichtet Frau Toll in der letzten Unterrichtsstunde?	Montag 2 / Freitag 17
15	Welche Lehrperson unterrichtet am häufigsten in der 1. Std.?	Frau Grün 6 / Frau Hold 3
16	Welche Lehrperson unterrichtet am häufigsten in der 4. Std.?	Herr Walz 4 / Frau Hold 18
17	An welchem Tag unterrichtet Frau Grün nach Herrn Walz?	Mittwoch 23 / Donnerstag 8
18	An welchem Wochentag unterrichtet Herr Walz sofort nach Frau Hold?	Montag 5 / Mittwoch 19
19	An wie vielen Tagen hat sie keinen Unterricht bei Herrn Walz?	2 Tage 7 / 3 Tage 8
20	An wie vielen Tagen hat sie keinen Unterricht bei Herrn Walz und Herrn Tamm?	1 Tag 15 / 2 Tage 20
21	Welche beiden Lehrpersonen unterrichten insgesamt 5 Std. in der Klasse?	Frau Jung, Herr Tamm 12 / Frau Toll, Herr Walz 22
22	Welche beiden Lehrpersonen unterrichten insgesamt 9 Std. in der Klasse?	Frau Hold, Frau Jung 1 / Frau Grün, Herr Tamm 9
23	An welchem Tag erreicht Katrin den Bus um 11.20 Uhr?	montags 4 / samstags 16
24	Wann kann sie erst mit dem Bus um 13.45 Uhr fahren?	samstags 14 / mittwochs 11

Schätze!

1	Dicke eines 2-Euro-Stückes	1 mm - 9
2	Länge eines 10-Euro-Scheines	1,9 cm - 5
3	Größe eines neugeborenen Babys	6 cm - 7
4	Gute Hochsprungleistung	13 cm - 11
5	Höhe eines LÜK - Heftes	23,5 cm - 2
6	Flügelspannweite (Albatros)	50 cm - 8
7	Länge eines Fußballstadions	2,20 m - 10
8	Gute Kugelstoßleistung	4 m - 12
9	Flügelspannweite (Pfauenauge)	8,60 m - 3
10	Gute Speerwurfleistung	21 m - 4
11	Gute Weitsprungleistung	85 m -1
12	Durchmesser eines 2-Cent-Stückes	100 m - 6

13	Gewicht eines 2-Euro-Stückes	1 g - 18
14	Gewicht eines Liters Wasser	10 g - 22
15	Gewicht eines Mannes	60 g - 17
16	Gewicht eines Fußballs	290 g - 19
17	Gewicht eines LÜK - Heftes	3 kg - 23
18	Gewicht eines LÜK - Kastens	400 g - 21
19	Gewicht einer Zigarette	70 kg - 20
20	Gewicht eines PKW´s	1 kg - 24
21	Gewicht eines Blauwals	700 kg - 14
22	Gewicht eines neugeborenen Babys	1,2 t - 15
23	Gewicht eines Elefanten	6 t - 16
24	Gewicht eines Rindes	140 t - 13